Jens-Ulrich Harnitz

Elektronische Zahlungsmittel im Online-Handel

CU00346418

Jens-Ulrich Harnitz

Elektronische Zahlungsmittel im Online-Handel

GRIN Verlag

Bibliografische Information der Deutschen Nationalbibliothek: Die Deutsche Bibliothek
verzeichnet diese Publikation in der Deutschen Nationalbibliografie; detaillierte bibliografische Daten sind im Internet über http://dnb.d-nb.de/ abrufbar.

1. Auflage 2009
Copyright © 2009 GRIN Verlag
http://www.grin.com/
Druck und Bindung: Books on Demand GmbH, Norderstedt Germany
ISBN 978-3-640-78286-4

GEORG-AUGUST-UNIVERSITÄT GÖTTINGEN

INSTITUT FÜR WIRTSCHAFTSINFORMATIK

ABTEILUNG WIRTSCHAFTSINFORMATIK II

Fallstudie

im Rahmen der Vorlesung

„Algorithms for Internet Applications"

- Wintersemester 2008/09 -

Arbeitstitel:

Elektronische Zahlungsmittel

Verfasser:

Jens-Ulrich Harnitz

Studiengang: Master of Science in Information Systems

Fachsemester: 4

Beginn der Arbeit:

03.03.2009

Abgabe der Arbeit:

17.03.2009

Inhaltsverzeichnis

Abbildungsverzeichnis

Tabellenverzeichnis

Abkürzungsverzeichnis

E-Commerce	Electronic Commerce
E-Geld	Elektronisches Geld
E-Mail	Electronic Mail
E-Payment	Electronic Payment
EPS	E-Payment-System
POS	Point of Sale
SET	Secure Electronic Transfer
SMS	Short Message Service
SSL	Secure Socket Layer

1 Einleitung

Der Online-Handel in Deutschland boomt.

Nach Zahlen des Bundesverbandes des Deutschen Versandhandels stieg der dortige Umsatz in 2008 um 15 Prozent gegenüber dem Jahr 2007 auf rund 19,3 Milliarden Euro. Die Zahl der Online-Käufer hat sich im gleichen Zeitraum von 29,37 auf 31,44 Millionen erhöht (vgl. [Scha08, 14]). Derartige wirtschaftliche Dimensionen sowie ein ungenügendes Angebot an Zahlungsverfahren als eine der häufigsten Ursachen für den Abbruch von Online-Käufen stellen die Bedeutsamkeit der Gestaltung von Bezahlvorgängen im Online-Handel klar heraus (vgl. [Sta⁺08, 72]). Doch gerade im Bereich der zugrundeliegenden Zahlungssysteme zeigt sich eine komplizierte Landschaft – geprägt von einer Reihe unterschiedlicher Ansätze, einer Vielzahl von Systemanbietern sowie undurchsichtigen Kriterien, die bei der Bewertung der Alternativen anzusetzen sind. Nachvollziehbar erscheint da der von NEUHAUS getätigte Ausspruch: „Wie der Taxonom vor den Organismen steht der Paymentforscher vor den Bezahlsystemen." [Neuh06]

Die vorliegende Arbeit setzt sich mit elektronischen Zahlungsmitteln auseinander. Dabei stehen die auf dem deutschen Markt vertretenen Zahlungsarten bzw. -systeme im Mittelpunkt der Untersuchungen. Der begrenzte Umfang dieser Arbeit erlaubt jedoch nur eine eingeschränkte Betrachtungsweise, ein Anspruch auf Vollständigkeit wird dementsprechend nicht erhoben.

Im Anschluss an die Einleitung folgt in Kapitel 2 nach einer Definition von elektronischen Zahlungssystemen zunächst deren Kategorisierung, um dann abschließend auf die wichtigsten an die Systeme gestellten Anforderungen einzugehen.
Nach der Vermittlung dieser Grundlagen wird in Kapitel 3 auf Basis der zuvor vorgenommenen Systematisierung und unter Berücksichtigung der erläuterten Anforderungen eine Marktübersicht der Zahlungsmittel im deutschen Online-Handel gegeben.
Die Arbeit schließt mit einem Fazit, welches die einzelnen Untersuchungsergebnisse noch einmal zusammenfasst.

2 Grundlagen elektronischer Zahlungssysteme

2.1 Definition

Ein elektronisches Zahlungssystem umfasst die Menge der Technologien, Verfahren, Systeme und Organisationsstrukturen, die erforderlich ist, damit Unternehmen und Individuen auf elektronischem Wege Zahlungen abwickeln können (vgl. [Pein02, 117]). Im Unterschied zu traditionellen Zahlungsmitteln ist die Existenz von elektronischen Zahlungssystemen eng mit der Entwicklung des Electronic Commerce (E-Commerce) verknüpft (vgl. [Sta⁺08, 82]).[1]

2.2 Kategorisierung von elektronischen Zahlungssystemen

Die Vielfalt der elektronischen Zahlungssysteme im deutschen Online-Handel erschwert die Bestandsaufnahme wie auch den Vergleich der Systeme. Um sich einen besseren Überblick zu verschaffen, soll an dieser Stelle daher eine Ordnung der Systemvielfalt in Kategorien erfolgen. In der Literatur herrschen diesbezüglich jedoch unterschiedliche Ansätze vor. So werden häufig die Höhe[2] (vgl. [Koll09, 238; Domb08, 16f.; Fritz04, 212f.; DaUl04, 31ff.]) oder der Zeitpunkt[3] der Zahlung (vgl. [Koll09, 237f.; Domb, 16f.; LaSt06, 59f.; DaUl04, 30f.]) als Unterscheidungskriterien aufgeführt. Insbesondere letztere Alternative der Differenzierung wird dabei jedoch von BREITSCHAFT et al. als unzureichend zurückgewiesen. Nach Aussage der Autoren könne beispielsweise bei Mobiltelefon-basierten Zahlverfahren[4] vorab keine eindeutige Aussage darüber getroffen werden, in welche Kategorie eine Zahlung einzuordnen ist. Schließlich sei dies von dem jeweilig vorliegenden Mobilfunkvertrag abhängig, da bei Abrechnung über Prepaid-Mobilfunkkarten eine *„pay before"*-Konstellation vorläge und im Falle des nachträglichen Begleichens einer monatlichen Mobilfunkrechnung von *„pay later"* zu sprechen wäre (vgl. [Bre⁺05, 5]).

Ein transparentes Schema lässt sich jedoch aus den diversen Auffassungen in der Literatur konstruieren. Demnach kann – in Anbetracht der vielfach so vorgenommenen Differenzierung – in traditionelle und von selbigen abgeleitete

---

[1] Siehe hierzu auch Kapitel 2.2.
[2] Die Kategorisierung der Zahlungssysteme nach der Höhe der zu bezahlenden Summe wird in der Literatur uneinheitlich vorgenommen. Obwohl auch stärkere Differenzierungen vorzufinden sind, beschränkt sich ein Großteil der Autoren auf lediglich zwei alternative Einordnungsmöglichkeiten. Demnach werden *„Micropayments"* und *„Macropayments"* unterschieden, wobei der Schwellenbetrag in der Regel bei fünf Euro angesiedelt wird.
[3] Die Systematisierung von Zahlungssystemen hinsichtlich des Zahlungszeitpunkts offeriert drei mögliche Kategorien. *„pay before"* stellt dabei auf eine Zahlung vor dem Lieferzeitpunkt ab, *„pay now"* bezeichnet die Zahlung zum Lieferzeitpunkt und *„pay later"* impliziert eine Zahlung entsprechend nach dem Lieferzeitpunkt.
[4] Siehe hierzu Kapitel 3.2.5.

Zahlungsmittel im Online-Handel unterschieden werden (vgl. [Neuh06, 98; Bre⁺05, 6]). Unter traditionellen Zahlungsmitteln werden dabei jene aus dem Offline-Geschäft der Vergangenheit bereits bekannten Bezahlverfahren verstanden. Dazu zählen Kreditkarten- und Geldbörsenzahlung, Überweisung sowie Lastschrifteinzug (vgl. [Heng04, o.S.]).[5] Diese Alternativen ermöglichen jeweils einen Umgang mit Bargeld, Buchgeld oder E-Geld (vgl. [Bre⁺05, 7]).

Die auch unter Electronic Payment (E-Payment)[6] subsummierten abgeleiteten Zahlungsmittel binden oftmals mehrere traditionelle Zahlungsarten ein (vgl. [Neuh06, 98]). Sie können wiederum in mehrere Verfahren, welche jeweils einen eigenen Ansatz verfolgen, untergliedert werden. Eine Übersicht über diese E-Payment-Systeme (EPS)[7] wie auch über die zuvor angesprochenen traditionellen Zahlungsmittel bietet Abbildung 1.

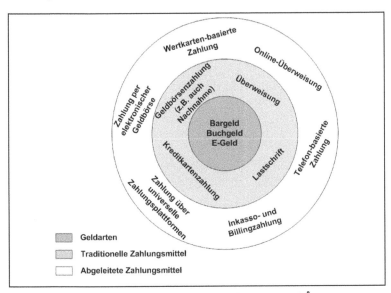

Abbildung 1: Kategorisierung von Zahlungsmitteln[8]

---

[5] Siehe hierzu Kapitel 3.1.
[6] E-Payment bezeichnet die Bezahlung von Waren und Dienstleistungen über das Internet mittels elektronischer Zahlungssysteme.
[7] Siehe hierzu Kapitel 3.2.
[8] Eigene Darstellung in Anlehnung an [Bre⁺05, 6ff.].

2.3 Anforderungen an elektronische Zahlungssysteme

2.3.1 Sicherheit

Die Sicherheit wird von WIRTZ als die wichtigste Anforderung an Zahlungssysteme erachtet, weil „[...] die sichere Transferierung von Kundendaten als einer der sensibelsten Bereiche des E-Business gilt." [Wirt01, 615] Verifizierbar sei die Sicherheit eines Zahlungssystems, so WIRTZ weiter, anhand der Kriterien Vertraulichkeit, Integrität und Authentizität (vgl. [Wirt01, 615]).

Folglich soll stets sichergestellt sein, dass übermittelte Zahlungsinformationen weder abgehört noch verändert oder missbraucht werden (vgl. [Domb08, 24]). FRITZ betont diesbezüglich zudem die erforderliche eindeutige Identifikation der Vertragspartner, die damit einhergehend eine Beteiligung an dem Bestell- und Bezahlvorgang nicht abstreiten können, sowie den Ausschluss der Kenntnisnahme von der Transaktion durch Dritte (vgl. [Fritz04, 213]).

Aus technischer Sicht muss zwar die Nichtabstreitbarkeit einer Transaktion zwingend gegeben sein, davon abstrahierend ist die Gewährleistung von Anonymität aus Kundensicht jedoch erstrebenswert. Auch wenn Kundeninformationen für die Rückverfolgbarkeit im Schadensfall vorliegen müssen, so sollten diese doch entsprechend vertraulich behandelt werden. Keine an einer jeweiligen Transaktion beteiligte Partei sollte in der Lage sein, ein vollständiges Kundenprofil zu erstellen (vgl. [DaUl04, 54]).

Für den Händler steht wiederum die Erzielung von größtmöglicher Zahlungssicherheit im Vordergrund (vgl. [Olde03, 199f.]).

2.3.2 Akzeptanz

Die Akzeptanz eines Zahlungssystems ist ein kritischer Erfolgsfaktor im Internet-Zahlungsverkehr. Nach Angaben von Online-Shopbetreibern in einer Studie der *ibi Research GmbH* ist aus ihrer Sicht eine hohe Kundenakzeptanz die wichtigste Anforderung an ein Zahlungssystem, noch vor einem schnellen Zahlungseingang und geringen für den Systemeinsatz anfallenden Kosten (vgl. [Sta+07, 24]).[9]

Im Zuge von Netzeffekten bedingen sich die Verbreitung eines Verfahrens im Online-Handel sowie die Akzeptanz des jeweiligen Verfahrens auf Kundenseite jedoch gegenseitig. Schließlich können Kunden ein Zahlungsmittel im Internet nur verwenden, wenn dies von den Händlern auch angeboten wird. Demgegenüber führen Online-Shops ein Zahlungsverfahren erst ein, wenn selbiges von den Kunden auch bereits in großer Anzahl angenommen worden ist (vgl. [Koll09, 240f.]).

---

[9] Siehe hierzu auch die Umfrageergebnisse in Anlage A.1.

DOMBRET fasst diesen Sachverhalt als *„Henne-Ei-Problem"* zusammen (vgl. [Domb08, 26]).

Ein angemessenes Maß an Benutzerfreundlichkeit trägt zu einer größeren Akzeptanz eines Zahlungssystems, insbesondere auf Kundenseite, bei. Hier steht vor allem eine einfache Handhabung für den Kunden im Vordergrund. So sollen Zahlungsmittel möglichst sowohl ohne spezielle Vorkenntnisse als auch ohne die zusätzliche Installation von Hard- oder Software nutzbar sein. Ferner ist eine übersichtliche und ohne Medienbrüche vorzunehmende Bedienung erstrebenswert. Doch nicht nur bei der Zahlungsabwicklung, auch im Hinblick auf Funktionalitäten, Gebühren und technische Kommunikationsabläufe werden Transparenzanforderungen gestellt. DANNENBERG und ULRICH begründen dies damit, dass folglich Risiken und Haftungsregelungen für Nutzer im Vorfeld abschätzbar seien.

Auf Händlerseite ergibt sich Benutzerfreundlichkeit eines Zahlungssystems durch die einfache Integration des Systems in ein Online-Shopsystem (vgl. [DaUl04, 57f.]).

2.3.3 Flexibilität

Zahlungssysteme sollten nicht nur auf ein bestimmtes Einsatzgebiet beschränkt sein, sondern flexibel für möglichst viele Zwecke verwendbar sein. So sollte beispielsweise die Höhe des zu zahlenden Betrages keinen Einfluss auf die Wahl eines bestimmten Zahlungssystems haben. Vielmehr ist es wünschenswert, dass ein einziges System das gesamte Zahlungsspektrum bei einem Einkauf abzudecken vermag.

Weiterhin drückt sich anzustrebende Flexibilität darin aus, dass Geld an beliebige Marktteilnehmer transferiert werden kann und somit auch eine Kunde-zu-Kunde-Zahlung durchführbar ist (vgl. [Illi02, 185f.]).

Generell erachten DANNENBERG und ULRICH diesbezüglich auch eine Unterstützung von grenzüberschreitenden Zahlungen sowie die Möglichkeit der parallelen Nutzung eines Zahlungsmittels sowohl im Online- als auch im Offline-Bereich als vorteilhaft (vgl. [DaUl04, 60ff.]).

2.3.4 Kostengünstige Abwicklung

Von allen Marktteilnehmern wird eine kostengünstige Zahlungsabwicklung im Internet gefordert (vgl. [Illi02, 186]).

Neben den bei Online-Sitzungen anfallenden Internetnutzungskosten ergeben sich für Verbraucher diesbezüglich folgende Kosten:

- Anfangsinvestitionen für den Einsatz eines Systems (beispielsweise aufgrund zusätzlich notwendiger Hard- und Software),

- monatlich oder jährlich fällige Grundgebühren, die an den Anbieter des Zahlungssystems zu entrichten sind, und
- Transaktionsgebühren, die für jede einzelne Zahlungsabwicklung erhoben werden.

Aber auch Online-Händler haben Kosten durch die Integration eines Zahlungssystems in ihr Shopkonzept zu tragen. Darunter fallen:

- Anschaffungskosten für Hard- und Software,
- Integrationskosten in bestehende Systeme,
- Betriebs- und Wartungskosten,
- monatliche bzw. jährliche Grundgebühren,
- Transaktionsgebühren und
- Kosten des Zahlungsausfalls (vgl. [DaUl04, 58]).

Die oben aufgeführte Gegenüberstellung der Kosten von Verbrauchern und Händlern lässt bereits vermuten, dass Händler finanziell stärker von der Nutzung eines Zahlungssystems betroffen sind als Verbraucher. Dennoch ist im Zuge der im Internet durch Vergleichsdienste und Suchmaschinen gegebenen Markttransparenz ein Angebot bestimmter Zahlungsalternativen für Online-Shops existenziell. Zwar versuchen Shop-Anbieter über Bearbeitungsaufschläge Kunden an ihren Kosten zu beteiligen, in Anbetracht des intensiven Preiswettbewerbs im Online-Handel ist dies jedoch nur eingeschränkt möglich (vgl. [Domb08, 25f.]).

3 Marktübersicht der Zahlungsmittel im deutschen Online-Handel

3.1 Traditionelle Zahlungsmittel

Aus dem Versandhandel ist die Bezahlung via Rechnung, Vorkasse, Nachnahme, Lastschrift oder auch Kreditkarte bekannt (vgl. [Witt05, o.S.]).[10] Doch auch im E-Commerce sind diese Bezahlverfahren weiterhin stark verbreitet. Dieser Umstand erscheint verwunderlich, da laut WITTE ein Großteil der traditionellen Zahlungsmittel den Anforderungen des E-Commerce nicht mehr gerecht wird (vgl. [Witt08, o.S.]). Und tatsächlich kann eine Vielzahl von Nachteilen, zumindest beim Einsatz von Rechnungszahlung, Vorkasse oder Nachnahme, identifiziert werden.

So fällt insbesondere der umständliche Umgang mit den Zahlungsmitteln zu Lasten der Kunden auf: Eine Überweisung, sei sie im Vorfeld im Rahmen der Vorkasse oder im Nachhinein bei einem Rechnungskauf getätigt, erfordert jeweils eine aufwändige Auseinandersetzung mit Formularen des Online-Bankings oder papierhaften Überweisungsträgern (vgl. [Sta$^+$08, 76]).

Im Zuge der Zahlung per Nachnahme ergibt sich die Umständlichkeit für den Empfänger einer Sendung daraus, dass er selbige nur nach getätigter Bargeldzahlung erhält. Andere Möglichkeiten der Bezahlung wie eine Kartenzahlung werden von den wenigsten Zustelldiensten angeboten.

Im Gegensatz dazu bietet die Kreditkarte mehr Komfort. Sie wartet mit einem hohen Automatisierungsgrad der Abläufe auf.

Die Flexibilität traditioneller Zahlungsmittel ist zudem durch die eingeschränkte Nutzbarkeit der Zahlverfahren bei Bestellabwicklung mit Beteiligung des Auslands beschnitten. Lediglich die Kreditkarte ist international gebräuchlich und daher für solche Zwecke sehr gut geeignet (vgl. [Sta$^+$08, 79ff.]). Sie ist nicht nur offen für den weltweiten Handel, sondern bietet auch die Möglichkeit, unmittelbar nach einem Kauf ausgelieferte Waren bzw. online erbrachte Dienstleistungen kurzerhand zu bezahlen. Überweisung, Lastschrifteinzug und Nachnahmezahlung sind diesbezüglich stark eingeschränkt – auch weil stets ein Zeitraum von ein bis zwei Tagen zwischen Kauf und Zahlungseingang beim Empfänger liegen (vgl. [Koss07, 173]).

DANNENBERG und ULRICH prangern darüber hinaus angesichts von entstehenden Kosten bei der Nutzung der Zahlungsmittel die fehlende Eignung für die Bezahlung

---

[10] Auf eine Vorstellung der Zahlungsmittel wird aufgrund ihres allgemein hohen Bekanntheitsgrades an dieser Stelle verzichtet. Im Anhang finden sich jedoch in den Anlagen A.2, A.3 und A.4 schematische Übersichten zu den Prozessen, die bei Nachnahme-, Lastschrift- und Kreditkartenzahlung ablaufen.

kleinerer Beträge an: „Ob Kursinformation oder Videodatei, die herkömmlichen Zahlungsmethoden sind völlig ungeeignet, dieses Angebot kosteneffizient abzurechnen. Kein Content-Provider kann es sich leisten, bei Cent-Beträgen Rechnungen zu schreiben oder Kreditkartenzahlungen durchzuführen." [DaUl04, 62]

Die traditionellen Zahlungssysteme versagen ihrer Meinung nach aber nicht nur bei der Micropayment-Fähigkeit, auch Kunde-zu-Kunde-Zahlungen können zum Teil nicht unterstützt werden. So ist es Privatpersonen nicht möglich, Kreditkartenzahlungen zu akzeptieren oder Bankeinzüge durchzuführen. Lediglich Nachnahmezahlungen oder Überweisungen verbleiben dementsprechend an Zahlungsmöglichkeiten (vgl. [DaUl04, 64]).

Allen traditionellen Zahlungsmitteln sind die mit ihrer Nutzung verbundenen hohen Kosten, zumeist ausschließlich auf Händlerseite, gemein. STAHL et al. schätzen die Kosten, die für Händler durch den Abgleich von Zahlungseingängen mit offenen Posten oder auch durch die Beauskunftung von Kunden bei Unstimmigkeiten anfallen, auf mehrere Euro je Bestellung (vgl. [Sta+08, 76]).

Während der Kunde bei der Zahlung per Nachnahme zudem die dabei anfallende Gebühr zu tragen hat (vgl. [Sta+08, 78f.]), muss der Händler im Falle einer Kreditkartenzahlung einen Geldbetrag in Abhängigkeit vom Umsatz an die Kreditkartenorganisationen entrichten. Dieser beläuft sich je nach Branche und Unternehmensgröße auf 1,5 bis 4 Prozent vom getätigten Umsatz (vgl. [Seid07, o.S.]).

Die Sicherheit der traditionellen Zahlungssysteme ist zwiespältig zu bewerten. Händler interessiert in dieser Beziehung vor allem das Risiko von Zahlungsausfällen. Während die Zahlung per Rechnung in 12,5 Prozent der Fälle ausbleibt, Nachnahmezahlungen mit einer Wahrscheinlichkeit von 5 Prozent nicht geleistet werden und Lastschrifteinzüge zu 4,8 Prozent scheitern, ist das Ausfallrisiko bei Kreditkartenzahlungen mit 0,2 Prozent vergleichsweise sehr gering (vgl. [Lang06, 101]). Die sicherste Variante für Händler ist die Bezahlung per Vorkasse, da in diesem Szenario der Kunde das Risiko trägt, nach seiner geleisteten Zahlung vergeblich auf die bestellte Ware zu warten. Dementsprechend unbeliebt ist diese Zahlungsart bei Kunden (vgl. [Sta+08, 76]).

Zwar wird die Nachnahmezahlung in puncto Sicherheit für den Kunden oftmals gerühmt, faktisch kann in dem augenscheinlich entgegenzunehmenden Paket jedoch auch der gewünschte Inhalt fehlen. Doch das Paket kann erst nach Begleichen der Rechnung genauer in Augenschein genommen werden. Sollte die Prüfung dann negativ ausfallen, bleibt nur die Hoffnung, dass der Geldfluss zwischen

Paketzusteller und Absender noch rechtzeitig zu stoppen ist (vgl. [Koss07, 172f.]). Auch für Verkäufer einer Ware ist die Nachnahmezahlung risikobehaftet. Bei einer Nichtabnahme der Lieferung seitens des Kunden erhält der Händler seine Ware zwar zurück, muss jedoch selbst nicht nur für Versandkosten, sondern auch für die Nachnahmegebühr aufkommen (vgl. [Sta$^+$08, 79]).

Wie bei allen E-Payment-Verfahren hat sich die gesicherte Übertragung von Zahlungsinformationen nach dem Secure Socket Layer (SSL)-Verfahren[11] auch im Zusammenhang mit dem Online-Einkauf mittels traditioneller Zahlungsmittel durchgesetzt (vgl. [Koss07, 173]). Im Bereich der Kreditkarten sind zusätzlich Architekturen unter Einbezug von Kreditkartenacquirern ins Leben gerufen worden, um die Existenz von Kreditkartenkonten sowie deren Belastbarkeit innerhalb weniger Momente nach Initiierung der Zahlung feststellen zu können. Secure Electronic Transfer (SET)[12] als ein mögliches diesbezüglich zugrunde liegendes Verfahren bietet entsprechend für Online-Händler den Vorteil, innerhalb kürzester Zeit eine verbindliche Zahlungsbestätigung zu erhalten (vgl. [Sta$^+$08, 79; Koll09, 239f.; Erte07, 148]).

Im Hinblick auf die Gewährleistung von Anonymität lässt sich aus der mangelnden Micropayment-Fähigkeit der traditionellen Zahlungsmittel folgern, dass mit ihnen getätigte Online-Einkäufe in vielen Fällen eine Auslieferung von physischen Waren nach sich ziehen. Allein durch diesen Umstand müssen Name und Adresse des Kunden bereits beim Händler vorliegen. Bei Zahlung mit Kreditkarte kommt hinzu, dass Kreditkartenunternehmen von allen Käufen automatisch personenbezogen unterrichtet werden (vgl. [DaUl04, 54]).

3.2 E-Payment-Systeme

3.2.1 Verfahren über universelle Zahlungsplattformen

Die oft auch als E-Mail-basierte Verfahren bezeichneten universellen Zahlungsplattformen stellen Referenzkonten bereit, die fest an eine der Identifizierung dienende E-Mail-Adresse sowie ein entsprechend geheimes Kennwort gebunden sind. Die Verbindung der Referenzkonten zu realen Bankkonten wird durch Zu- bzw. Abbuchungen auf Basis von traditionellen Zahlungsmitteln gewährleistet. Voraussetzung für das Senden und Empfangen der auf den Referenzkonten befindlichen

---

[11] SSL ist ein weit verbreitetes hybrides Verschlüsselungsprotokoll zur Datenübertragung im Internet. Durch Verschlüsselungsalgorithmen und digitale Zertifikate wird Datenschutz, Integrität und Authentizität der Kommunikationspartner sichergestellt.
[12] SET ist ein Sicherheitsprotokoll für den kreditkartenbasierten elektronischen Zahlungsverkehr, vornehmlich über das Internet. Über den Einsatz von digitalen Signaturen sowie Verschlüsselungsmechanismen werden Integrität, Vertraulichkeit und Verbindlichkeit der Transaktion, aber auch die Authentizität der Teilnehmer sichergestellt.

Werteinheiten ist die Registrierung von Zahlungssender und -empfänger beim jeweiligen Plattformanbieter, mit dem entsprechend auch ein Vertragsverhältnis eingegangen wird (vgl. [Bre⁺05, 13f.]).

Die Eigenheiten der universellen Zahlungsplattformen – angefangen von Vor- bzw. Nachteilen über Verbreitung und Einsatzgebiete bis hin zu Sicherheitsaspekten – sollen am Beispiel von *PayPal*, dem erfolgreichsten Internet-Bezahldienst dieser Art[13] dargelegt werden (vgl. [Koss07, 173]).

Unter Experten gilt *PayPal* als der einzige Anbieter eines speziell für das Internet entwickelten Zahlungssystems, der mit seinem System eine nennenswerte Verbreitung vorweisen kann (vgl. [Neuh06, 100]). Bestätigt wird diese These durch eine Untersuchung der *ibi Research GmbH* aus dem Jahr 2008, nach der der Einsatz des Zahlungssystems mit einem Anteil von 9 Prozent an allen im deutschen Online-Shopping abgewickelten Transaktionen vergleichbar dem Aufkommen von Zahlungen per Lastschrift ist. Andere EPS haben in der zugrunde liegenden Befragung nur einen Anteil von 2 bzw. 3 Prozent erreicht (vgl. [Kra⁺08¹, 51]).[14]

Ursprünglich auf den US-amerikanischen Markt ausgerichtet hat *PayPal* heutzutage in 103 Ländern und Regionen Fuß gefasst. Die Verbreitung des Systems lässt sich vor allem mit der Anpassung des Systems an lokale Gegebenheiten begründen. So ist von der ausschließlichen Akzeptanz von Kreditkarten abgerückt worden und regionsspezifisch beliebte Zahlungsarten wie die in Deutschland allgemein anerkannte Lastschrift sind einbezogen worden (vgl. [Koss07, 173]).

Die Bezahlung via *PayPal* ist kostenlos durchführbar. Jedoch fallen Gebühren für das Empfangen von Zahlungen an. Diese belaufen sich bei Geldtransfer innerhalb Deutschlands und der EU abhängig vom gezahlten Betrag im Regelfall auf 1,2 bis 1,9 Prozent. Für Auslandszahlungen werden unter denselben Gesichtspunkten 3,2 bis 3,9 Prozent erhoben. In allen Fällen kommt eine fixe Transaktionsgebühr von 35 Cent hinzu (vgl. [Payp09, o.S.]). Insbesondere bei Auslandszahlungen zeigt sich PayPal nicht nur unproblematisch, sondern auch kostengünstig. Die beispielhafte Gegenüberstellung von *PayPal*-Auslandsüberweisung und herkömmlichem Geldtransfer in Tabelle 1 offenbart das große Einsparpotential (vgl. [DaUl04, 61]).

---

[13] PayPal führt rund 125 Millionen Kundenkonten weltweit, wovon ungefähr 3 Millionen auf Deutschland entfallen.
[14] Die Abbildung in Anlage A.5 zeigt die Ergebnisse der Befragung zu den eingesetzten Zahlungsverfahren bei Transaktionen im Online-Handel.

Transfer eines Betrages von 150 US-Dollar von Deutschland in die USA		
	Bank (Dollar-Scheck durch Hausbank)	PayPal (inklusive Transfer auf Konten)
Gebühr Zahlungspflichtiger	EUR 10,- (entspricht derzeit ca. USD 10,70)	Belastung über KK Auslandsgeb. 1 % = USD 1,50 (bzw. EUR 1,40)
Gebühr Zahlungsempfänger	USD 20,-	2,9 % + USD 0,30 (standard rate) = USD 4,65
Gebühren gesamt:	USD 30,70	USD 6,15
Mehrkosten: USD 24,55 oder 399 %		

Tabelle 1: Beispielrechnung: Auslandsüberweisung mit PayPal und herkömmlich[15]

Kundenbeliebtheit erfreut sich *PayPal* aufgrund der bequem vorzunehmenden Zahlungen. Folglich wird der Kunde aus dem Online-Shop, in dem er einkaufen möchte, direkt auf die *PayPal*-Seite weitergeleitet, wo er nach erfolgter Anmeldung seine Rechnung mit einem Mausklick bezahlen kann (vgl. [Koss07, 173]). Wenn erst mal ein Konto eingerichtet ist, ist es den Nutzern freigestellt, auch an andere *PayPal*-Teilnehmer Geld zu entrichten bzw. selbst Zahlungen zu empfangen (vgl. [Neuh06, 100]).

Hieran schließt der besondere Vorteil von *PayPal* an. Während sich bei einer gewöhnlichen Zahlung per Vorkasse nicht nur die Abwicklung von Kauf und Lieferung verzögert, sondern auch die Kontoverbindung des Zahlungsempfängers üblicherweise an einen fremden Geschäftspartner auszugeben ist, werden derartige Problematiken durch *PayPal* gelöst (vgl. [Domb08, 32]).

Erstaunlich flexibel erweist sich das Zahlungssystem des Weiteren im Hinblick auf die Unter- und Obergrenze der zu transferierenden Geldbeträge. Demnach können sowohl Micro- als auch Macropayments abgewickelt werden (vgl. [DaUl04, 61]).

Neben der Anonymität gegenüber anderen *PayPal*-Nutzern wirbt *PayPal* ebenso mit der Sicherheit seines Systems, da sich die Betrugsrate auf einen im Branchenvergleich geringen Wert von 0,27 Prozent beläuft (vgl. [Koss07, 173]). Als neues Sicherheitsfeature bietet *PayPal* seinen Kunden kostenlos die Zusendung eines individuellen sechsstelligen Zahlencodes per SMS an, der beim Einloggen zusätzlich zu Benutzername und Passwort einzugeben ist. Dieser Sicherheitsschlüssel soll insbesondere bei Systemnutzung über frei zugängliche Computer als zusätzlicher Schutz vor Betrug dienen (vgl. [Klei09, o.S.]).

---

[15] Quelle: [DaUl04, 61].

Dennoch sind Nutzer stets gegenüber *PayPal* mit Transaktionen in Verbindung zu bringen, was in dieser Hinsicht keine Anonymität zulässt. Aus Händlersicht gelten hinsichtlich der Zahlungssicherheit die gleichen Bedingungen wie bei den auf der Zahlungsplattform hinterlegten und jeweils via *PayPal* genutzten traditionellen Zahlungsmitteln. *PayPal* bietet allerdings einen zusätzlichen Verkäuferschutz mit einer Schadenssumme von bis zu 4000 Euro pro Kalenderjahr (vgl. [StJä08[2], o.S.]).[16]

3.2.2 Verfahren über elektronische Geldbörsen

Unter elektronischem Geld (E-Geld) wird jeder monetäre Wert verstanden, welcher auf einem Datenträger in einer Art elektronischen Geldbörse gespeichert und nicht nur von dem ausgebenden Institut als Zahlungsmittel angenommen wird. Magnetstreifenkarten, Chipkarten oder Rechner können dabei als Datenträger zugrunde liegen (vgl. [Webe02, 69]). Von dieser Definition ausgehend grenzen DANNENBERG und ULRICH die Zahlverfahren über elektronische Geldbörsen auf vorausbezahlte Konzepte ein, die entweder auf Chipkarten, so genannten Smart Cards[17], oder auf softwaregestützten Produkten[18] basieren (vgl. [DaUl04, 138]).

Das Grundprinzip, auf welchem die Konzepte basieren, bleibt jedoch gleich. So hat ein Nutzer bei einer Bank zunächst reales Geld gegen E-Geld in Form virtueller Geldeinheiten einzutauschen. Das E-Geld wird von der Bank verschlüsselt, zertifiziert und mit einer Art Seriennummer versehen in eine virtuelle Geldbörse des Kunden (Wallet) geladen. Bei einem Einkauf in einem Online-Shop, der diese Zahlungsform akzeptiert, überträgt der Nutzer mittels spezieller Software den vereinbarten Geldbetrag aus seinem Wallet zum Händler. Dieser lässt die Echtheit bzw. Gültigkeit des Geldes in der Folge von der Bank prüfen. Nachdem die Prüfung erfolgreich abgeschlossen ist, wird der virtuelle Geldbetrag auf dem Konto des Händlers gutgeschrieben. Abschließend können die Beträge bei der Bank gesammelt gegen reales Geld eingetauscht werden (vgl. [Lass06, 518]).

Die Bezahlung mittels elektronischer Geldbörsen hat bisher kaum eine Verbreitung erfahren. Das in Deutschland bekannteste Smart Card-Projekt und repräsentativ für

---

[16] Der Verkäuferschutz schützt die Shopbetreiber vor Rückbuchungen per Bankkonto, Rückbuchungen von innerdeutschen Kreditkartenzahlungen und Rückbuchungen von Zahlungen, die der Inhaber des *PayPal*-Kontos nicht genehmigt hat.

[17] Als elektronische Geldbörsen auf der Basis von Smart Cards werden mit Mikrochip- und Prozessortechnologie ausgestattete Plastikkarten aufgefasst, die elektronisches Geld unter Zuhilfenahme kryptographischer Verfahren in Form eines Saldobetrags und einer Zahlungshistorie speichern können.

[18] Bei softwarebasiertem E-Geld werden mit Hilfe spezieller Kundensoftware digitale Münzen auf der Festplatte des Kunden gespeichert.

den Ansatz der elektronischen Geldbörsen ist die *GeldKarte*. Ihre Funktionalitäten sind in die ec-Karte der deutschen Kreditwirtschaft integriert (vgl. [DaUl04, 148]). Ziel dieses Projektes ist es, Kleingeldzahlungen sowohl in der realen als auch – seit 1999 – in der virtuellen Welt vereinfacht abzuwickeln.

Die über die *GeldKarte* getätigten Umsätze sind zwar um 42 Prozent auf insgesamt 148 Millionen Euro im Jahr 2007 stark angestiegen, jedoch wirken die somit pro Tag im Jahresdurchschnitt umgesetzten 400.000 Euro im Vergleich zum täglichen Gesamtumsatz des Einzelhandels von 1,08 Milliarden unerheblich. Bei den Akzeptanzstellen im Internet beläuft sich die Zahl nach Schätzungen der *Euro Kartensysteme GmbH* auf rund 170.000. Die meisten Online-Shops bieten die *GeldKarte* jedoch nicht als Zahlungsmittel an, sondern nutzen selbige nur als anonymen Volljährigkeitsnachweis beim Bezug von Erwachseneninhalten. Für die Bezahlung wird sie lediglich von einer verschwindend geringen Anzahl an Shopanbietern akzeptiert (vgl. [Siet08, 52]). Dementsprechend negativ bewertet SIETMANN die Erfolgsaussichten der *GeldKarte*: „Von einem universellen elektronischen Zahlungsmittel, das von jedem überall wie Bargeld online und offline im alltäglichen Geschäftsverkehr einsetzbar wäre, ist die *GeldKarte* noch weit entfernt." [Siet08, 52]

Voraussetzung für die Nutzung der *GeldKarte* im Internet und Hauptgrund für die umständliche Handhabung dieses Zahlungsmittels ist die Inanspruchnahme eines Chipkartenlesers am Computer (vgl. [Neuh06, 100]).
Aber auch die anderen mit der Nutzung elektronischer Geldbörsen einhergehenden Notwendigkeiten wie Registrierung, Software-Download, Emission von Geldeinheiten und Rücktausch führen zu einem enormen Aufwand für den Kunden (vgl. [DaUl04, 145]).
Während die Systeme bei weiterer Betrachtung ihrer Flexibilität, wie schon angeklungen, eine Offline-Fähigkeit aufweisen, lassen sie jedoch demgegenüber auch Möglichkeiten des grenzüberschreitenden Handels sowie der Kunde-zu-Kunde-Zahlung vermissen (vgl. [DaUl04, 156]).

Kosten der direkten Nutzung der *GeldKarte* entstehen für den Kunden nicht. Dennoch fallen die Anschaffungskosten für das Kartenlesegerät, das für die Abwicklung von Zahlungen im Internet mittels Smart Card erforderlich ist, stark ins Gewicht (vgl. [Neuh06, 100]). Nicht zuletzt die fehlende Überprüfung der Authentizität der Kunden während der Transaktion und das in den elektronischen Geldbörsen vorausgesetzte Guthaben sorgen für niedrige Transaktionskosten, die auch an die Händler

weitergegeben werden. Die Kosten sollen unter den von den meisten Micropayment-Anbietern verlangten Gebühren in Höhe von 20 bis 40 Prozent der Umsätze liegen (vgl. [DaUl04, 156]).

Verfahren über elektronische Geldbörsen gewährleisten einen hohen Grad an Abhörsicherheit durch Anwendung ausreichender Verschlüsselungsmechanismen. Trotzdem ist stets die Gefahr gegeben, digitale Münzen durch Übertragungs-störungen, Computerabstürze oder missbräuchlichen Zugriff auf das Wallet zu ver-lieren. Die möglichen monetären Verluste beschränken sich jedoch auf das jeweilig in dem Wallet befindliche Guthaben (vgl. [DaUl04, 144; DaUl04, 156]).

Der Kunde profitiert weiterhin davon, dass – ähnlich dem Bargeldkauf im Laden – beim Webshopping weder personenbezogene Daten, noch Kontonummer oder sensible Kreditkartendaten preiszugeben sind (vgl. [Siet08, 52]). Somit kann die Anonymität des Kunden gewahrt werden.

Für Händler hat die Bezahlung über elektronische Geldbörsen den sicherheitsrele-vanten Vorteil, dass eine hohe Zahlungsgarantie gegeben werden kann. Grund hierfür ist die Finanzierung der Einkäufe über bereits in das Wallet eingezahltes Geld. Sofern der Händler sein Geld einmal auf diesem Wege erhalten hat, ist es für Kunden schwierig eine Zahlung zu widerrufen (vgl. [DaUl04, 144ff.; DaUl04, 155ff.]).

3.2.3 Wertkarten-basierte Verfahren

Bei Wertkarten-basierten Verfahren handelt es sich um vorausbezahlte Systeme. Dabei erwirbt der Käufer im Vorfeld eine Karte bzw. einen Bezahlcode mit einem Guthaben, das nach und nach ausgegeben werden kann. Dazu ist es erforderlich, bei einem Online-Einkauf die auf der Karte befindliche PIN bzw. den Bezahlcode einzugeben. Das im Hintergrund anonym zu der Karte oder dem Bezahlcode ge-führte Konto wird sodann um den Rechnungsbetrag reduziert (vgl. [Neuh06, 98]).

Die Einsatzmöglichkeiten erstrecken sich von der Bezahlung am Point of Sale (POS) bis hin zu der Begleichung von Rechnungsbeträgen im Internet (vgl. [Bre⁺05, 13]).

Als ein Vertreter Wertkarten-basierter Verfahren ist die *paysafecard* ein gutes Bei-spiel für die Flexibilität derartiger Ansätze im Hinblick auf internationale Verwen-dung. In diesem Zusammenhang sind jedoch auch Zugeständnisse zu machen. Auf der einen Seite ist der grenzüberschreitende Einsatz zwar möglich, auf der anderen Seite versagen Wertkarten-basierte Verfahren jedoch größtenteils, wenn es um Kunde-zu-Kunde- sowie Offline-Fähigkeit geht (vgl. [DaUl04, 171f.]).

Ferner ist diese Bezahlform eher für Micro- als für Macropayment geeignet (vgl. [GeHe06, 7]). Dies liegt vor allem darin begründet, dass einzelne Karten bzw. Bezahlcodes auf einen Höchstbetrag limitiert sind. So können bei der *paysafecard* Guthaben zwischen 10 und 100 Euro erworben werden. Es besteht zwar die Möglichkeit, Guthaben von bis zu zehn Karten bei einem Einkauf zu verketten, so dass Einkäufe bis maximal 1000 Euro getätigt werden können (vgl. [Koss07, 174]), jedoch ist ein derartig umständliches Prozedere als kundenunfreundlich zu bewerten. Ein weiterer negativer Aspekt im Hinblick auf die Handhabung von Wertkarten ist der vorab stattzufindende Erwerb der notwendigen Karten/Bezahlcodes im Handel (vgl. [DaUl04, 171]). Nur geringfügig besser lässt dies der bei der *paysafecard* mögliche Bezug des Bezahlcodes über das Internet erscheinen (vgl. [Koss07, 174]).

Die Gebühren, die wie so oft ausschließlich der Händler zu entrichten hat, sind zu alledem sehr hoch. Es gilt: „Umso kleiner der Umsatz, desto teurer wird jede Transaktion." [DaUl04, 172] Bei der *paysafecard* werden beispielsweise zwischen 5,5 und 35 Prozent des Umsatzes fällig.
Dafür erhalten die Online-Shops allerdings eine weitreichende Zahlungsgarantie, da das Guthaben auf den Karten vorausgesetzt werden kann.
Für den Kunden haben Wertkarten-basierte Verfahren den Vorteil, dass sich das Verlustrisiko auf eher geringe Beträge, nämlich auf das jeweilige Guthaben einer verlorenen Karte bzw. eines abhanden gekommenen Bezahlcodes, beschränkt. Darüber hinaus besteht die Option, einen Passwortschutz für Karten/Bezahlcodes zu hinterlegen, so dass das Geld nach Verlust von Karte oder Code ggf. noch zurückerstattet werden kann (vgl. [DaUl04, 171ff.]).
Doch dadurch, dass die Authentizität der Kunden nicht gewährleistet ist, wird die zuvor bereits angedeutete vollständig anonyme Zahlung überhaupt erst möglich (vgl. [Bre⁺05, 13]).

Die Verbreitung der Wertkarten-basierten Verfahren hält sich bisher in Grenzen. Dies stellen auch GEISEN und HEBESTREIT fest: „In der Praxis haben sich solche guthabenbasierte Verfahren […] noch nicht durchgesetzt." [GeHe06, 7]
Der Anbieter von *paysafecard* gibt zwar an, dass Karten seines Systems an 30.000 Verkaufsstellen in Deutschland erhältlich sind und über 2.000 Online-Shops die Karten akzeptieren (vgl. [Neuh06, 98]), jedoch bewertet NEUHAUS kritisch: „Das Unternehmen dürfte […] einen Marktanteil haben, der auf jeder Kuchengrafik unsichtbar ist." [Neuh06, 98]

3.2.4 Verfahren über Online-Überweisung

Die Online-Überweisung wird als eine Art Bezahlung per Vorauskasse charakterisiert (vgl. [Opuc05, 150]). Dabei werden Homebanking-Funktionalitäten in den Internet-Shopping-Prozess integriert (vgl. [DaUl04, 107]): Die Kunden haben die Bankleitzahl ihrer Bank im Bestellprozess anzugeben und werden daraufhin direkt auf die Website des Geldinstituts bzw. eines Payment-Portals weitergeleitet. Dort wird nach erfolgtem Login mittels PIN ein bereits ausgefülltes Überweisungsformular per TAN in Auftrag gegeben. In der Folge erhält der Händler unmittelbar nach dem erfolgreichen Abschluss der Online-Überweisung eine Erfolgsmitteilung, so dass die Warenlieferung oder die Dienstleitung freigegeben werden kann.

Zwar ist das Verfahren der Online-Überweisung noch nicht etabliert, jedoch sehen Experten diese Bezahlmöglichkeit als vielversprechend an (vgl. [Zogo08, 8]). Einer der beiden bedeutendsten Anbieter von Online-Überweisungen in Deutschland, neben *Sofortüberweisung*, ist *giropay*[19]. *giropay* besitzt laut Angaben auf der eigenen Internetpräsenz 30.000 Akzeptanzstellen im Internet, wobei von der Integration in Bezahlsysteme wie *PayPal*, *Moneybookers*, *ClickandBuy* oder *Neteller* profitiert wird. Die direkte Bezahlung mit *giropay* ist in mehr als 900 Online-Shops möglich (vgl. [Giro09[1], o.S.]).

Der besondere Vorteil der Online-Überweisung liegt darin, dass die bei Vorkasse-Zahlungen üblicherweise auftretenden Verzögerungen umgangen werden können. Somit wird die direkte Weiterbearbeitung einer Bestellung möglich (vgl. [Sta[+]08, 79]). *giropay* wirbt zudem damit, dass weder spezielle Software noch eine gesonderte Registrierung für die Nutzung des Systems erforderlich sind (vgl. [Giro09[2], o.S.]).

Nachteilig erweisen sich hingegen die für die Umsetzung des Verfahrens zu erfüllenden Voraussetzungen. So reicht es nicht aus, dass ein Shop die Möglichkeit der Online-Überweisung anbietet. Vielmehr muss auch die Bank des Kunden das Verfahren unterstützen (vgl. [Neuh06, 100]).

Nach Kostengesichtspunkten ist die Online-Überweisung wettbewerbsfähig. Um die Online-Überweisung einsetzen zu dürfen, begleichen Händler Transaktionskosten, die zuvor individuell ausgehandelt worden sind und sich am jeweiligen Umsatz orientieren. Die Kosten fallen in aller Regel niedriger aus als jene beim Kreditkarten-Clearing aus (vgl. [Zogo08, 8]). Bei *giropay* wird beispielsweise eine Gebühr über 2 bis 3 Prozent des Umsatzes erhoben (vgl. [Sta[+]08, 76]).

---

[19] Die Abbildung in Anlage A.6 zeigt den Ablauf einer Zahlung per giropay.

Vordergründig existiert keine Beschränkung hinsichtlich der Höhe der mittels Online-Überweisung transferierten Beträge, verstärkt wird das Verfahren jedoch eher als Alternative zur Kreditkarte im Macropayment-Bereich in Anspruch genommen. Außerdem ist die Online-Überweisung nur eingeschränkt international verwendbar (vgl. [Zogo08, 8]).

Im Hinblick auf die Sicherheit profitieren sowohl Kunden als auch Händler von dieser neuartigen Form der Überweisung.

Kunden können sich des Schutzes ihrer Kontodaten sicher sein, da selbige nicht an den jeweiligen Händler übermittelt werden und die eigentliche Transaktion über das geschützte Portal der Bank vonstatten geht (vgl. [StJä08[1], o.S.]).

Händler erfreuen sich einer weitreichenden Zahlungssicherheit, da PIN/TAN-gestützte Überweisungen von Kunden in aller Regel nicht zu widerrufen sind (vgl. [Zogo08, 8]).

3.2.5 Telefon-basierte Verfahren

Telefon-basierte Verfahren nutzen Festnetz-, aber auch Mobiltelefonie als Hilfsmittel für die Abrechnung. Dabei gibt es verschiedene Lösungswege, um die Transaktionen abzurechnen.

Im Festnetzbereich gibt es zum einen die Möglichkeit, eine eigens für den Käufer generierte Telefonnummer anzurufen, damit eine Bezahlung initiiert wird. Hierbei kann es, wie im Falle von *T-Pay Pay by Call*, zu einer minutengenauen Abrechnung kommen, wobei der Anrufer die Leitung aufrechtzuerhalten hat bis der Gesamtpreis beglichen worden ist. Ein alternatives Konzept wird bei *T-Pay Call and Pay* verfolgt, wo mit einem Anruf unabhängig von dessen Dauer ein fester Betrag von bis zu 30 Euro zu bezahlen ist. Voraussetzung bei der Nutzung von *T-Pay Call and Pay* ist allerdings die Existenz eines Telefonanschlusses von der *T-Home*.

Beide Lösungen haben gemein, dass der mit ihnen zumeist bezahlte Online-Content nach dem Anruf umgehend freigeschaltet wird. Der Käufer hat den jeweilig fälligen Betrag hingegen erst später mit seiner Telefonrechnung zu begleichen (vgl. [Neuh06, 101f.]).

Einen ähnlichen Ansatz verfolgen Mobiltelefonie-Verfahren, welche ein Mobiltelefon zur Übertragung von Buchungsinformationen nutzen. Bei der Initiierung einer Zahlung kann sodann auf SMS, Spracheingabe oder Übermittlung von Zahlencodes durch das Tonwahlverfahren zurückgegriffen werden. Im Rahmen von *Vodafones m-pay* wird beispielsweise eine Kurznachricht mit einem Bezahlcode an eine zuvor angegebene Mobilfunknummer versendet. Der erhaltene Code ist in der Folge

innerhalb eines bestimmten Gültigkeitszeitraums auf der Seite des jeweiligen Web-Shops anzugeben, um den Bezahlvorgang abzuschließen (vgl. [Bre⁺05, 14f.]).

Wie schon angedeutet ist die Anwendung der Festnetztelefonie-Verfahren stark auf den Micropayment-Bereich eingeschränkt. Dies trifft auch auf den Mobiltelefon-basierten Ansatz zu. Dennoch weist letzterer ein größeres Potential auf, indem ihm eine Einsatzfähigkeit in diversen Szenarien zugeschrieben wird. So sind die mobilen Zahlungsformen am realen und virtuellen POS, im mobilen Internet, an Parkuhren und an anderen Automaten einsetzbar (vgl. [DaUl04, 225]).

Sowohl Festnetz- als auch Mobiltelefonie-Verfahren weisen allerdings den Nachteil des Medienbruches auf, da in den Online-Einkauf nicht nur ein internetfähiger Computer, sondern auch ein Telefongerät eingebunden sein muss. Dieser Umstand wird von einigen Kunden als störend empfunden (vgl. [GeHe06, 4; GeHe06, 7f.]).

Vorteilhaft stellt sich wiederum die für die Nutzung dieser Bezahlverfahren nicht notwendige gesonderte Registrierung dar. Somit ist jeder potenzieller Kunde (vgl. [Neuh06, 102]).

Die Kosten der Händler für das Angebot von Telefon-basierten Verfahren sind auf Kreditkartenabrechnungsniveau und somit im Vergleich zu anderen EPS eher niedrig einzuschätzen. Für *T-Pay Call and Pay* werden beispielsweise einmalig 0,30 € sowie 3,6 Prozent des Umsatzes fällig (vgl. [Deut08, 1]).

Besonders hervorgehoben wird in der Literatur die Sicherheit der Telefon-basierten Verfahren. Diese sei vor allem darin begründet, dass der Kunde keine sensiblen Daten über das Internet zu übermitteln habe (vgl. [GeHe06, 4]). Die Anonymität bleibt insofern gewahrt, als dass die Kundendaten nicht dem Verkäufer zugehen, sondern lediglich bei der jeweiligen Telefongesellschaft bekannt sind. Darin sehen DANNENBERG und ULRICH allerdings auch die Gefahr des Missbrauchs: „Jeder kann zu einem fremden Telefonhörer greifen und auf Shoppingtour gehen." [DaUl04, 202]

Die Verbreitung ist bei den Festnetztelefonie-Verfahren zwiespältig aufzufassen. Einerseits ist die *T-Pay Call and Pay*-Lösung nach Meinung von NEUHAUS zu einem Standard in der Bezahlung avanciert, andererseits sind sonstige Angebote an Mehrwert-Anrufen eher selten in Online-Shops zu finden (vgl. [Neuh06, 102]). Die Mobiltelefonie-Verfahren haben ebenso noch keine nennenswerte Verbreitung erfahren (vgl. [Domb08, 52]). In Anbetracht ihrer Offline-Fähigkeit, die Einsatzmöglich-keiten im E- und M-Commerce wie auch im stationären Handel eröffnet, wird den

mobilen Zahlungsformen aber eine Vorreiterrolle unter den EPS zugesprochen (vgl. [DaUI64f.]).

3.2.6 Inkasso- und Billingverfahren

Bei Inkasso- und Billingverfahren existiert eine weitere Instanz im Abrechnungs-prozess, welche Forderungen eines Marktteilnehmers gegenüber eines anderen einzieht. Da der für die beschriebene Aufgabe zuständige Dienstleister auch Zah-lungsbeträge zusammenfasst und aggregiert bearbeitet, kann der Einzug entweder zu einem bestimmten Termin oder nach Erreichen eines bestimmten Mindestbe-trages erfolgen. Für die Begleichung von Forderungen werden seitens des Inkasso-Unternehmens zumeist mehrere traditionelle Zahlungsmittel angeboten (vgl. [Bre⁺05, 15]).

Die Verfahren basieren auf einem zweistufigen Prinzip. Auf der ersten Stufe wird die erfolgte Transaktion lediglich im Buchungssystem des Inkasso-Unternehmens ver-bucht. Die abschließende Bezahlung macht dann die zweite Stufe aus, wobei dem jeweilig betroffenen Kunden alle bis dahin gesammelten, aber noch nicht abgerech-neten Kauftransaktionen in Rechnung gestellt werden (vgl. [DaUI04, 184f.]). DANNENBERG und ULRICH erkennen in diesem Konzept einen entscheidenden Vor-teil: „Im Gegensatz zu anderen EPS vermeiden Inkassoverfahren also den hohen Kostenaufwand einzeln abgerechneter Transaktionen und sind nur dadurch Micropayment-fähig." [DaUI04, 185]

Die Nutzerzahlen wie auch der Bekanntheitsgrad der Inkasso- und Billingverfahren steigen kontinuierlich. Diese Entwicklung korrespondiert mit der zunehmenden Ver-marktung digitaler Inhalte, da diese Verfahren für die Abrechnung abgerufener In-halte in Anbetracht der gegebenen Micropayment-Fähigkeit prädestiniert erscheinen (vgl. [DaUI, 183]).

ClickandBuy als einer der erfolgreichsten Anbieter von Inkasso- und Billingverfahren beweist, dass keineswegs eine Beschränkung auf Micropayment bestehen muss. Vielmehr wird das oben beschriebene Zahlungskonzept hin zu einer Vorfinanzierung abgeändert, um auch Macropayment abwickeln zu können. Demnach haben Kun-den für das Begleichen größerer Beträge zuvor ihr bei ClickandBuy existierendes Konto in ausreichender Höhe mittels Überweisung, giropay, Lastschrift oder Kredit-karte zu befüllen (vgl. [Kosse07, 175]).

Die Kosten für die Nutzung von ClickandBuy sind allerdings vergleichsweise hoch und schlagen sich ausschließlich auf Händlerseite nieder. Dort fallen üblicherweise für Verkaufspreise von bis zu 5 Euro Provisionen von 25 bis 35 Prozent des Umsat-zes an. Bei Gütern, deren Wert 5 Euro übersteigt, werden generell 50 Cent pro

Transaktion und Provisionen von 9,5 bis 15 Prozent veranschlagt (vgl. [Neuh06, 100]).

DANNENBERG und ULRICH unterstreichen den sicheren Umgang der Inkasso- und Billingsysteme mit den sensiblen Daten ihrer Kunden. Demnach werde nicht nur der Datenverkehr verschlüsselt, sondern Bankverbindungen auch nur einmal im Zuge der Kundenregistrierung abgefragt. Allerdings seien die Systeme nur bedingt fähig, die Authentizität der Nutzer zu gewährleisten, so die Autoren weiter. Demzufolge könne den Online-Händlern zwar keine Zahlungsgarantie eingeräumt werden, jedoch sei dennoch mit einer hohen Zahlungswahrscheinlichkeit zu rechnen (vgl. [DaUl04, 201f.]).

4 Fazit

Zahlungssysteme – seien sie nun elektronisch oder traditionell – sind, auch bei aus-
schließlicher Fokussierung auf den deutschen Markt, in einer großen Vielfalt im
Online-Handel vorzufinden. Dadurch erklären sich auch die Schwierigkeiten bei der
Systematisierung, d.h. bei der Unterteilung der diversen Zahlungssysteme in einzelne Kategorien. Die Einführung von weltweit einheitlichen Standards wäre wünschenswert, jedoch ist damit – angesichts der bisherigen historischen Entwicklung
im Bereich der Zahlungssysteme und divergierenden Interessen der Systemanbieter
– in nächster Zeit wohl nicht zu rechnen.

Bei der Bewertung von Zahlungsmitteln gilt es stets zu bedenken, dass die Interessen von Kunden und Händlern zum Teil gegenläufig sind. Je nach Blickwinkel wird
mehr oder weniger Wert auf die Umsetzung bestimmter Anforderungen durch ein
Zahlungssystem gelegt.

Während für Händler vor allem der zuverlässige Zahlungseingang bzw. dessen
frühzeitige Bestätigung im Vordergrund steht, erscheint Kunden eine weite Verbreitung sowie eine bequeme Nutzung des Zahlungsmittels bedeutsam (vgl. [SiFa09,
531f.]).

Die unterschiedlichen Ansätze bei den E-Payment-Systemen führen dazu, dass
Systeme zwar eine Anforderung mustergültig erfüllen, einer anderen Anforderung
hingegen überhaupt nicht nachkommen. Ein Beispiel hierfür sind Wertkarten-
basierte sowie Telefon-basierte Systeme, welche eine hohe Sicherheit wie auch
eine hohe Anonymität gewährleisten, dafür jedoch nur umständlich zu handhaben
sind, so dass sie letztendlich unflexibel wirken.

	Sicherheit	Akzeptanz	Flexibilität	Kostengünstige Abwicklung
Traditionelle Zahlungsmittel	Mittel	Hoch	Gering bis mittel	Mittel
Universelle Zahlungsplattformen	Mittel bis hoch	Mittel	Hoch	Mittel
Elektronische Geldbörsen	Hoch	Gering	Gering	Mittel bis hoch
Wertkarten	Hoch	Gering	Gering bis mittel	Gering
Online-Überweisung	Hoch	Gering	Mittel	Hoch
Telefon-basierte Bezahlung	Hoch	Gering	Gering bis mittel	Mittel bis hoch
Inkasso- und Billingverfahren	Mittel	Mittel	Mittel	Gering

Tabelle 2: Anforderungserfüllung der diversen Zahlungsmittel

Tabelle 2 bietet eine Einschätzung, inwieweit die im Online-Handel existierenden Zahlungsmittel die an sie typischerweise gerichteten Anforderungen erfüllen, und fasst damit die in dieser Arbeit ermittelten Ergebnisse noch einmal zusammen.

Es ist davon auszugehen, dass die Anbieter von Zahlungssystemen größtes Augenmerk auf die Sicherheit ihrer Dienstleistung legen und alle nach dem Stand der Technik mögliche Vorkehrungen zur Absicherung ihrer Infrastruktur treffen. Dies lässt sich damit begründen, dass öffentlich bekannt werdende Informationen über die mangelnde Integrität eines Systems den Geschäftserfolg nachhaltig beeinträchtigen dürften (vgl. [Domb08, 24f.]).

Dennoch weisen die EPS aus Kundensicht größtenteils – ebenso wie die Kreditkarte als traditionelles Zahlungsmittel – ein relativ hohes Missbrauchspotential auf. So können Kennwörter oder im Falle der Kreditkarte Informationen wie Kartennummer, Inhaber, Ablaufdatum und Sicherheitscode bei unvorsichtigem Umgang leicht in falsche Hände geraten. Dies führt oftmals zu einem erheblichen finanziellen Schaden für den Bestohlenen (vgl. [Koss07, 172f.]). Wertkarten-basierte Verfahren sowie solche über elektronische Geldbörsen, bei denen ein möglicher Missbrauchsschaden auf den zuvor erbrachten Einsatz beschränkt bleibt (vgl. [Koss07, 175]), aber auch Telefon-basierte Verfahren, welche die Anwahl über das eigene Telefongerät voraussetzen, verheißen in diesem Punkt mehr Sicherheit.

Generell sind die vorausbezahlten Verfahren geeignet, um eine vollständige Anonymität zu erreichen. Das trifft aber nur dann zu, wenn digitale Güter distribuiert werden und keine Lieferadresse anzugeben ist (vgl. [DaUl04, 54]). Dementsprechend hoch stehen nach Sicherheitsgesichtspunkten auch die *GeldKarte* oder Telefon-basierte Alternativen in der Gunst der Verbraucher.[20]

Aus Händlersicht sind vorausbezahlte Verfahren besonders interessant, da sie aufgrund bereits eingezahlter Guthaben eine hohe Zahlungssicherheit gewährleisten.

Obschon traditionelle Zahlungsmittel in Anbetracht der vielen Nachteile, die mit ihrer Nutzung einhergehen, für den E-Commerce ungeeignet erscheinen, sind sie aus dem deutschen Online-Handel nicht wegzudenken. E-Payment-Verfahren sind hingegen zwar auf die Abwicklung von Zahlungen im elektronischen Handel abgestimmt, haben jedoch – ausgenommen universelle Zahlungsplattformen wie *PayPal*

---

[20] Die Ergebnisse einer Umfrage unter Verbrauchern zur Sicherheit von Zahlungssystemen belegen die Wertschätzung von vorausbezahlten Verfahren in diesem Zusammenhang. Die entsprechenden Umfrageergebnisse können Anlage A.7 entnommen werden.

sowie Inkasso- und Billingverfahren (insbesondere *ClickandBuy*) – keine besondere Verbreitung in der Bevölkerung gefunden.[21]

Online-Händler sind somit gezwungen, traditionelle Zahlungsmittel in ihr Repertoire an Zahlungsalternativen aufzunehmen, denn „Kunden weichen häufig auf einen anderen Online-Shop aus, wenn das von ihnen favorisierte Zahlungsmittel nicht angeboten wird. Die Konkurrenz im Web sitzt genau einen Mausklick weiter!" [Sta+08, 74] Für die elektronischen Zahlungssysteme gilt es, durch innovative Konzepte an Boden zu gewinnen. Kunden wie auch Händler wünschen sich unkomplizierte Bezahlverfahren, für die möglichst wenige Hilfsmittel erforderlich sind. Untersuchungen zeigen, dass die Beteiligten für die Inanspruchnahme von mehr Bequemlichkeit sogar bereit sind, ein geringeres Maß an Sicherheit und Anonymität zu akzeptieren (vgl. [Erte07, 150]).

Anwender erwarten demgemäß ein flexibles Zahlungssystem, welches – ungeachtet der Höhe des zu zahlenden Betrages, der Zahlung über Landesgrenzen hinweg, der Unterscheidung von online/offline oder auch des Zahlungsempfängers – möglichst für jede Online-Zahlung einsetzbar ist.
PayPal hat sich in diesem Zusammenhang hervorgetan. Bis auf die Offline-Fähigkeit, die bei der *GeldKarte* oder auch bei Mobiltelefon-basierten Verfahren gegeben ist, erfüllt das Zahlungssystem alle Voraussetzungen um als flexibel einsetzbar zu gelten. So wird nicht nur Micro- und Macropayment unterstützt, sondern auch internationale Zahlungen sowie solche von Kunde zu Kunde sind möglich.

Bei der Bezahlung im Online-Handel hat es sich allgemein durchgesetzt, dass Kunden – außer bei der Zahlung per Nachnahme – keine Gebühren direkt in Rechnung gestellt werden. Somit ist es insbesondere ein Anliegen der Händler ein möglichst kostengünstiges Zahlungssystem zu etablieren. Aus Händlersicht erfreuen sich die traditionellen Zahlungsmittel mit Ausnahme der Kreditkartenzahlung diesbezüglich an besonderer Beliebtheit.[22] Gerade diese Zahlungsarten sind es jedoch auch, die nach Händlermeinung den höchsten Bearbeitungsaufwand bedeuten. In diesem Zusammenhang können sich vielmehr die universellen Zahlungsplattformen mit dem Musterbeispiel *PayPal* durchsetzen.[23]

---

[21] Die vorrangige Stellung von traditionellen Zahlungsmitteln gegenüber EPS in der Gunst und Akzeptanz der Kunden geht aus einer Umfrage unter Händlern hervor. Die Ergebnisse dieser Umfrage sind in Anlage A.8 aufgeführt.
[22] Die Bewertung der einzelnen Zahlungsverfahren hinsichtlich ihrer veranschlagten Gebühren aus Händlersicht ist in Anlage A.9 überblicksartig aufgeführt.
[23] Die vergleichende Einschätzung der Händler zum manuellen Bearbeitungsaufwand, der bei Einsatz eines jeweiligen Zahlungssystems entsteht, ist Anlage A.10 zu entnehmen.

Fest steht, dass die unterschiedlichen Zahlungsmittel jeweils Vor- und Nachteile aufweisen, die sicherlich auch einen bedeutenden Einfluss auf ihre Verbreitung nehmen. Doch selbst wenn ein Zahlungssystem die üblicherweise gestellten Anforderungen in einem hohen Maße zufriedenstellend erfüllt, ist dies noch keine Erfolgsgarantie, solange Defizite in der allgemeinen Akzeptanz bestehen. KOLLMANN unterstreicht diese These: „Auch wenn Lösungen den schon bestehenden Zahlungsverfahren technisch überlegen sind, können sie sich erst dann durchsetzen, wenn sie [...] [sowohl von Händlern als auch von Kunden] akzeptiert werden." [Koll09, 240]

Anhang

A.1 Umfrage zu wichtigsten Anforderungen an Zahlungsverfahren aus Händlersicht

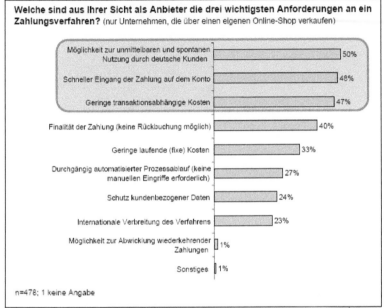

Quelle: [Sta⁺07, 24].

A.2 Ablauf einer Zahlung per Nachnahme

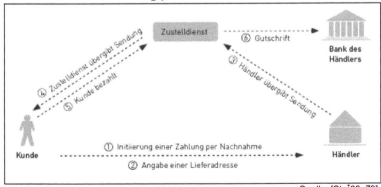

Quelle: [Sta⁺08, 79].

A.3 Ablauf einer Zahlung per Lastschrift

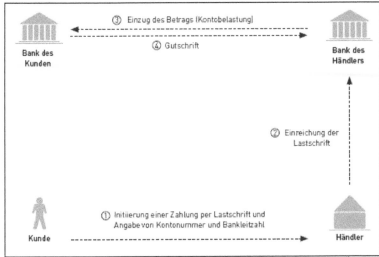

Quelle: [Sta⁺08, 80].

A.4 Ablauf einer Zahlung per Kreditkarte

Quelle: [Sta⁺08, 82].

A.5 Umfrage zur Einsatzhäufigkeit von Zahlungsverfahren

Wie verteilt sich der Anteil der von Ihnen abgewickelten Zahlungen (Transaktionen) auf die eingesetzten Zahlungsverfahren?
(nur Unternehmen, die über einen eigenen Online-Shop verkaufen)

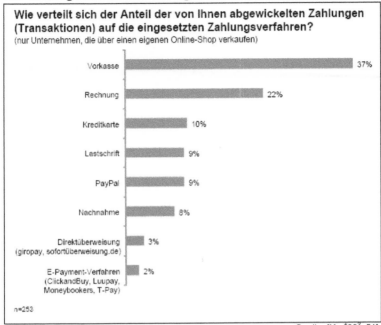

Quelle: [Kra⁺08², 51].

A.6 Ablauf einer Zahlung per giropay

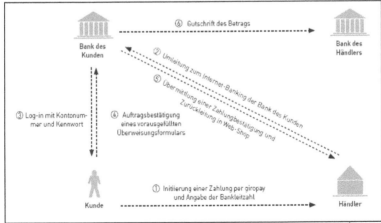

Quelle: [Sta⁺08, 78].

A.7 Umfrage zur Sicherheit von Zahlungsverfahren aus Verbrauchersicht

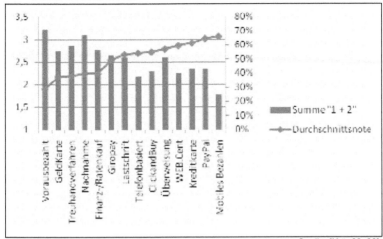

Quelle: [Krüg08, 30].

A.8 Umfrage zur Beliebtheit von Zahlungsverfahren bei Kunden aus Händlersicht

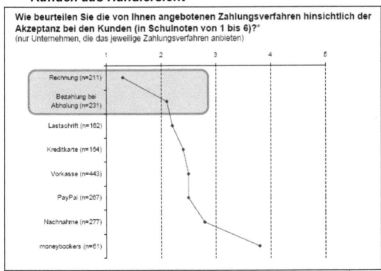

Quelle: [Sta⁺07, 27].

A.9 Umfrage zur Bewertung der Gebühren der Zahlungsverfahren aus Händlersicht

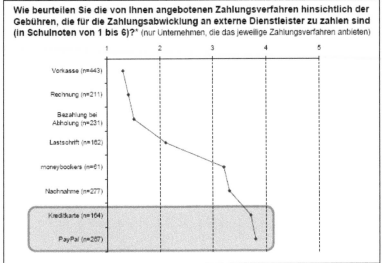

Quelle: [Sta⁺07, 28].

A.10 Umfrage zur Bewertung des Bearbeitungsaufwands der Zahlungsverfahren aus Händlersicht

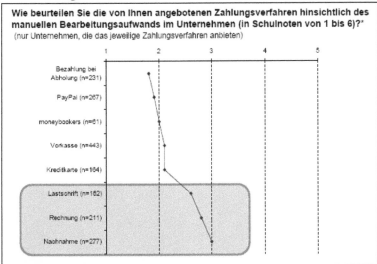

Quelle: [Sta⁺07, 29].

Literaturverzeichnis

a) Monographien

[DaUl04]   Dannenberg, M.; Ulrich, A.: E-Payment und E-Billing –
                  Elektronische Bezahlsysteme für Mobilfunk und Internet.
                  Wiesbaden, 2004.

[Domb08]   Dombret, B.: Zahlungssysteme im Internet – Marktsituation
                  und Perspektiven. Norderstedt, 2008.

[Erte07]   Ertel, W.: Angewandte Kryptographie. 3. aktualisierte
                  Auflage. München, 2007.

[Fritz04]   Fritz, W.: Internet-Marketing und Electronic Commerce –
                  Grundlagen - Rahmenbedingungen - Instrumente. 3.
                  Auflage. Wiesbaden, 2004.

[Illi02]   Illik, J. A.: Electronic Commerce – Grundlagen und Technik
                  für die Erschließung elektronischer Märkte. 2. vollständig
                  überarbeitete Auflage. München, 2002.

[Koll09]   Kollmann, T.: E-Business – Grundlagen elektronischer
                  Geschäftsprozesse in der Net Economy. 3. Auflage.
                  Wiesbaden, 2009.

[Olde03]   Olderog, T.: Faktoren des Markterfolges im Online-Handel.
                  Diss. Universität Witten/Herdecke, Wiesbaden 2003.

[Opuc05]   Opuchlik, A.: E-Commerce-Strategie – Entwicklung und
                  Einführung. Norderstedt, 2005.

[SiFa09]   Simon, H.; Fassnacht, M.: Preismanagement. 3.
                  vollständig neu bearbeitete Auflage. Wiesbaden, 2009.

[Sta+08]   Stahl, E.; Krabichler, T.; Breitschaft, M.; Wittmann, G.: E-
                  Commerce-Leitfaden – Erfolgreich im elektronischen
                  Handel. Regensburg, 2008.

[Webe02]   Weber, C. B.: Zahlungsverfahren im Internet – Zahlung
                    mittels Kreditkarte, Lastschrift und Geldkarte. Köln, 2002.

[Wirt01]   Wirtz, B. W.: Electronic Business. 2. Auflage. Wiesbaden,
                    2001.

b) Artikel in Zeitschriften

[Koss07]   Kossel, A.: Online-Kasse – Sicher und bequem bezahlen
                    im Internet. In: c't – Magazin für Computertechnik.
                    Ausgabe 3/2007: S. 172 - 175.

[Lang06]   Lange, B.: Risikomanagement und Bonitätsprüfung. In: iX
                    – Magazin für professionelle Informationstechnik, Ausgabe
                    12/2006: S. 101.

[Neuh06]   Neuhaus, B.: Im Wallet wenig Neues – Bezahlalternativen
                    zu Kreditkarte & Co. In: iX – Magazin für professionelle
                    Informationstechnik, Ausgabe 12/2006: S. 96 - 102.

[Siet08]   Sietmann, R.: Der private Geldautomat – Die GeldKarte
                    auf dem Weg zum allgemeinen Online- und Offline-
                    Bezahlsystem. In: c't – Magazin für Computertechnik.
                    Ausgabe 6/2008: S. 52 - 53.

c) Zeitungsartikel

[Scha08]   Scharrenbroch, C.: Online-Handel wächst. In: Frankfurter
                    Allgemeine Zeitung vom 06.11.2008: S. 14.

d) Beiträge in Herausgeber-/Sammelwerken

[LaSt06]   Lammer, T.; Stroborn, K.: Internet-Zahlungssysteme in
                    Deutschland und Österreich: ein Überblick. In: Lammer, T.
                    (Hrsg.): Handbuch E-Money, E-Payment & M-Payment.
                    Heidelberg, 2006: S. 57 - 72.

[Peinl02]   Peinl, P.: Elektronische Zahlungssysteme. In: Dohmann,
            H.; Fuchs, G.; Khakzar, K. (Hrsg.): Die Praxis des E-
            Business – Technische, betriebswirtschaftliche und
            rechtliche Aspekte. Braunschweig / Wiesbaden, 2002: S.
            111 - 156.

e) Nachschlagewerke
[Lass06]   Lassmann, W. (Hrsg.): Wirtschaftsinformatik –
            Nachschlagewerk für Studium und Praxis. Wiesbaden,
            2006.

f) Internetquellen
[Bre⁺05]   Breitschaft, M.; Krabichler, T.; Stahl, E.; Wittmann, G.:
            Sichere Zahlungsverfahren für E-Government. URL:
            http://www.bsi.bund.de/fachthem/egov/download/
            4_Zahlv.pdf. Abruf: 06.03.2009.

[Deut08]   Deutsche Telekom AG: Preisliste T-Pay. URL:
            http://www.t-home.de/dlp/agb/32974.pdf. Abruf:
            15.03.2009.

[GeHe06]   Geisen, B.; Hebestreit, R.: Zahlungsverkehr im Internet.
            URL: http://www.existenzgruenderinnen.de/imperia/md/
            content/ pdf/publikationen/efacts/efacts_13.pdf. Abruf:
            13.03.2009.

[Giro09¹]   giropay GmbH: Der Anbietercheck bei giropay. URL:
            http://www.giropay.de/index.php?id=187. Abruf:
            13.03.2009.

[Giro09²]   giropay GmbH: Voraussetzungen für die Nutzung von
            giropay. URL: http://www.giropay.de/index.php?id=155.
            Abruf: 13.03.2009.

[Heng04]   Heng, S.: ePayments: zeitgemäße Ergänzung traditioneller
                Zahlungssysteme. URL: http://www.ecin.de/
                zahlungssysteme/onlinepayment2/. Abruf: 09.03.2009.

[Klei09]   Klein, U.: PayPal verbessert Sicherheit. URL:
                http://news.magnus.de/internet/artikel/paypal-verbessert-
                sicherheit.html. Abruf: 16.03.2009.

[Kra⁺08¹]   Krabichler, T.; Wittmann, G.; Stahl, E.; Breitschaft, M.: E-
                Commerce in Deutschland – Fakten statt Mythen. URL:
                http://pc53667.uni-regensburg.de/ecl/
                E-Commerce_in_Deutschland.pdf. Abruf: 08.03.2009.

[Kra⁺08²]   Krabichler, T.; Wittmann, G.; Stahl, E.; Breitschaft, M.:
                Erfolgsfaktor Payment – Der Einfluss der
                Zahlungsverfahren auf Ihren Umsatz. URL:
                http://pc53667.uni-regensburg.de/ecl/Erfolgsfaktor-
                Payment.pdf. Abruf: 08.03.2009.

[Krüg08]   Krüger, M.: Internet-Zahlungssysteme aus Sicht der
                Verbraucher – Ergebnisse der Online-Umfrage IZV9. URL:
                http://www.iww.uni-karlsruhe.de/reddot/download/
                izv9_Endbericht_v2.pdf?PHPSESSID=2eff17eb1f479e29b
                d27040dc48617d1. Abruf: 09.03.2009.

[Payp09]   PayPal (Europe) S.à r.l. & Cie: Aktuelle Gebühren für den
                Zahlungsempfang. URL: https://www.paypal.com/de/cgi-
                bin/webscr?cmd=xpt/Marketing/general/DENewFees-
                outside. Abruf: 14.03.2009.

[Seid07]   Seidel, H.: Kartell der Kreditkarten – Einzelhändler
                beschweren sich beim Kartellamt über die hohen
                Gebühren. URL: http://www.welt.de/wams_print/
                article810322/Kartell_der_Kreditkarten.html. Abruf:
                16.03.2009.

[Sta⁺07]   Stahl, E.; Breitschaft, M.; Krabichler, T.; Wittmann, G.:
                Wohin geht die Reise im E-Commerce? – Ergebnisse einer
                Händlerbefragung im Rahmen des Projekts eCommerce-
                Leitfaden. URL: http://pc53667.uni-regensburg.de/ecl/
                ecommerce-leitfaden-umfrageergebnisse(1-seitig).pdf.
                Abruf: 08.03.2009.

[StJä08¹]   Sternkopf, M.; Jäger, M.: Neue Bezahlverfahren im Internet
                – Was leisten PayPal, giropay, Moneybookers und Co? –
                Teil 3. URL: http://www.tecchannel.de/sicherheit/
                identity_access/1740821/neue_bezahlverfahren_im_intern
                et/index3.html. Abruf: 13.03.2009.

[StJä08²]   Sternkopf, M.; Jäger, M.: Neue Bezahlverfahren im Internet
                – Was leisten PayPal, giropay, Moneybookers und Co? –
                Teil 5. URL: http://www.tecchannel.de/sicherheit/
                identity_access/1740821/neue_bezahlverfahren_im_intern
                et/index5.html. Abruf: 14.03.2009.

[Witt05]   Witte, H.: Wie das Geld zum Händler kommt – Bezahlen
                im Internet. URL: http://www.computerwoche.de/
                knowledge_center/mittelstand/561872/index.html. Abruf:
                16.03.2009.

[Witt08]   Witte, H.: Ratgeber: Online-Zahlungssysteme im
                Fachhandel. URL: http://www.computerwoche.de/
                knowledge_center/mittelstand/1857414/. Abruf:
                16.03.2009.

[Zogo08]   Zogorski, T.: Lastschrift und Online-Überweisung: Die
                Vorkasse-Alternative. URL: http://www.ibusiness.de/
                members/wrapper.cgi/www.ibusiness.de/files/Onlineueber
                weisung.pdf. Abruf: 13.03.2009.

Lightning Source UK Ltd.
Milton Keynes UK
UKHW010022230819
348409UK00002B/544/P